EL ASIENTO VACÍO
EN LAS IGLESIAS

Universidad Teológica Interamericana, Inc.
Interamerican Theologial University

EL ASIENTO VACÍO
EN LAS IGLESIAS

MARIO VINICIO GARZA

Una Tesis presentada a la Facultad de la
Universidad Teológica Interamericana
como cumplimiento parcial de los requisitos para el título de
Maestría en Teología

Enero 2011

Número de Control de la Biblioteca del Congreso de EE. UU.:   2012910299
ISBN: Tapa Dura   978-1-4633-3133-7
                 Tapa Blanda   978-1-4633-3135-1
                 Libro Electrónico   978-1-4633-3134-4

Para pedidos de copias adicionales de este libro, por favor contacte con:
Palibrio
1663 Liberty Drive
Suite 200
Bloomington, IN 47403
Llamadas desde los EE.UU. 877.407.5847
Llamadas internacionales +1.812.671.9757
Fax: +1.812.355.1576
ventas@palibrio.com
411140

TABLA DE CONTENIDO

DEDICATORIA

Dedico este estudio a mi pastor, el Hermano Hugo Portillo y a mi madre, que está en Guatemala. También a los hermanos de mi iglesia Menonita hispanas, por darme la oportunidad de ser parte de su congregación, y a todos mis hermanos en Cristo por sus oraciones que a través de todos estos años hemos podido decir que sí a nuestro Señor Jesucristo. Amén.

AGRADECIMIENTO

Como siempre agradezco a Dios por darme la fuerza para cada día, y al Espíritu Santo que está haciendo una gran obra en nuestra vida, no sólo para la salvación, sino que nos está guiando a nuevas cosas cada día.

Agradezco, a la hermana Loyda Santiago y al pastor José Santiago por sus muchas pero muchas ayudas. También a la Universidad por dejarme estudiar y darme más conociendo cada año. Muchas gracias, que Dios los bendiga.

PROLOGO

Segunda de Timoteo3:1-10 nos dice: "También debes saber esto, que en los postreros días vendrán tiempos peligrosos. Por que habrán hombres amadores de sí mismos, avaros, vanagloriosos, soberbios, blasfemos, desobedientes a los padres, ingratos, impíos, sin afecto natural, implacables, calumniadores, intemperantes, crueles aborrecedores de los bueno, traidores impetuosos, infatuaos, amadores de los deleites más que de Dios. Que tendrán apariencia de piedad, pero negarán la eficacia de ella, a estos evita. Están siempre aprendiendo, y nunca puede llegar al conociendo de la verdad, de la manera que Janes y Jambres resistieron a Moisés, así también estos resistirán a la verdad; hombres corruptos de entendimiento, réprobos en cuanto a la verdad."

Éstas son las causas del los asiento vacíos en las iglesias. Que están llenas de hombres corruptos, que no aman a Dios; que les es más fácil seguir la corrupción de este mundo que la justicia del cielo por medio de Jesucristo, y el evangelio de Dios. Les es más fácil leer una revista de pornografía que leer la Biblia. Les es más fácil maldecir que bendecir. Las barras están llenas en los *night clubs*, y las iglesias vacías. Estas son unas de las causas y efectos que en nuestros días nos afecta en la sociedad. Hombres malos con los padres y desobedientes, ya no les importa la represión de nadie y están cansados de que Dios los amoneste a través de mensajes predicados. Deciden marcharse para agradarse a ellos mismos

11

antes que a Dios. Son portadores de malas noticias, nunca producen esperanza, solo son demasiado pesimista y hostiles, y sobre todo esto culpan a Dios de sus problemas y poca vergüenza.

No trato de juzgar sólo por juzgar, esto fue lo que le dijo Pablo a Timoteo, que en los últimos años esto pasaría. Hombres como lo hijos de Elí, que menosprecian las cosas santas de Dios, y hacen pecar al pueblo de Dios. Hombres impíos como dijo Isaías 5:20; Ay de a los que a lo malo le dicen bueno, y a lo bueno malo, que hacen de la luz tinieblas, y de las tinieblas luz, que ponen a lo amargo por dulce, y lo dulce por amargo. Se han escrito muchas clases de esta índole, sobre el asiento vacío en las iglesias, pero éstas son las causas. No es del pastor, ni de los hermanos, di del concilio, es que estamos en los últimos tiempos y la palabra de Dios se tiene que cumplir, al costo que sea. Por eso me atreví a escribir sobre este asunto.

INTRODUCCION

Primera de Samuel, 20:27 dice que al siguiente día, el segundo día de la luna nueva, aconteció también que el asiento de David quedó vacío. Y Saúl dijo a Jonatán su hijo: por qué no ha venido el hijo de Isaí hoy ni ayer. Como miembro de la iglesia a la que pertenezco, y como ministro de enseñanza de teología bíblica en el seminario bíblico, en Mizpa en Filadelfia, cada día me pregunto Señor, qué tengo que cambiar o mejorar para que tus hijos no se vayan de las iglesias. Me he preguntado por años qué pasa con la gente, entra y sale; sale y entra, y quise ver lo que la Biblia nos enseña con respecto a este asunto, que es de muchas controversias para todas las iglesias.

Basado en este texto, me hice ciertas preguntas como por ejemplo. A la gente le falta determinación con Dios, no han determinado servirle, y por eso se van, como dice el doctor Abdel, que es cuando no entienden las transiciones. Por eso se van y abandonan todo.

Pero también me pregunto, qué será, por los celos, será por hay gente que tiene el alma fracasada y no soportan que los demás triunfen. Hay verdades que por ser verdades no se dicen, ó sea, que no tenemos sigilo. No apoyamos al que Dios quiere, por la forma que damos la escuela dominical, y no conocemos sus principios y su función, o será porque cuando pasamos la adolescencia dejamos a Dios y por eso está vacía la iglesia. O si estamos presentando el evangelio como carga o una esperanza, será eso. O es que la parábola de la semilla tiene todas las respuestas. Te invito a que leas las siguientes páginas, que juntos descubramos cuáles son las causas de que nuestras iglesias esta vacías. Haremos un recorrido por la historia hebrea, a través de la Biblia y luego unas experiencias que nos han sobrevenido. Sobre todo la palabra de Dios nos dará el resultado

CAPITULO I

1.1 LOS CELOS

Al comienzo de la historia de David, cuando Samuel lo ungió como rey, David no sabía nada de lo que enfrentaría, pero Dios sí sabía. Por eso tenía que tener el corazón de Dios para soportar, perdonar, sufrir y confiar en Dios. Tener la certeza de que Dios lo ayudaría.

Tener el corazón de Dios quiere decir amar a los enemigos como Dios ama a sus enemigos según Isaías 55:7 "Deje el impío su camino, y el hombre inicuo sus pensamientos. Vuélvase a Jehová, quien tendrá de él misericordia; y a nuestro Dios, quien será amplio en perdonar.

Podríamos poner muchas más notas sobre este asunto, pero examinemos a David y su corazón. En 2 Samuel 1:21-27 "Oh montes de Gilboa: Ni rocío ni lluvia haya sobre vosotros, ni seáis campos de ofrendas; porque allí fue profanado el escudo de los valientes, el escudo de Saúl, como si no hubiera sido ungido con aceite. El arco de Jonatán jamás volvía sin la sangre de los muertos y sin la gordura de los valientes; tampoco volvía vacía la espada de Saúl. "Saúl y Jonatán, amados y amables en su vida, tampoco en su muerte fueron separados. Eran más veloces que las águilas; eran más fuertes que los leones. ¡Oh hijas de Israel, llorad por Saúl, quien os vestía de escarlata y cosas refinadas, y ponía adornos de oro en vuestros vestidos! ¡Cómo han caído los valientes en medio de la batalla! ¡Jonatán ha perecido sobre tus montes! "Angustia tengo por ti, hermano mío, Jonatán, que me fuiste muy querido. Más maravilloso fue para mí tu amor que el amor de las mujeres. "¡Cómo han caído los valientes, y se han perdido las armas de guerra!"

Él amaba a Saúl y a Jonatán, aunque Saúl lo quería matar, pero él amaba a sus enemigos, no sólo eso, él lloraba porque Saúl había muerto. Nunca se alegró por el mal de otros. Nosotros no somos así, cuando alguien que nos hace la vida imposible en la iglesia se va, tocamos trompeta y decimos que Dios sacó lo que no servía. Que falta de amor tenemos, y así decimos que somos pastores/ministros, odiando a la gente. Aprendamos de David que él amaba a sus enemigos.

Otro pasaje para probar este argumento es cuando David iba huyendo de su hijo Absalón, mira lo que le paso, --"…he aquí que salió de allí un hombre de la familia de la casa de Saúl, que se llamaba Simei hijo de Gera. Mientras salía, iba maldiciendo y arrojando piedras a David y a todos los servidores del rey David; pero todo el pueblo y todos los hombres valientes estaban a su derecha y a su izquierda. Simei decía maldiciéndole: — ¡Fuera, fuera, hombre sanguinario y hombre perverso! Jehová ha hecho recaer sobre ti toda la sangre de la casa de Saúl, en cuyo lugar has reinado. Pero Jehová ha entregado el reino en mano de tu hijo Absalón, y he aquí que estás en desgracia, porque eres un hombre sanguinario. Entonces Abisai, hijo de Sarvia, preguntó al rey: — ¿Por qué ha de maldecir este perro muerto a mi señor el rey? ¡Por favor, déjame pasar, y le cortaré la cabeza!" 2 Samuel 16 5-9

Comparemos la tipología de los dos corazones. Primero: el corazón del hombre es vanaglorioso; lleno de ira, sin misericordia, lleno de venganza, falta de perdón y no entiende los planes de Dios, aunque buscaban defender a su líder con lealtad, porque este hombre lo estaba difamando y le faltaba el respeto. Segundo veamos el corazón de Dios, tipología en David, como Jesús: "Pero el rey respondió: — ¿Qué tengo yo con vosotros, hijos de Sarvia? Que maldiga; porque si Jehová le ha dicho: "Maldice a David", ¿quién le dirá: "¿Por qué haces esto?" 2, Samuel 16:10. Ves cómo es tener el corazón de Dios, es amar a los que odian, no como Abisai, que lo quería matar. Pero tomemos otros pasajes más. Cuando llora por Absalón, mire el corazón de David después de todo lo malo que este muchacho le causó; "¡Hijo mío Absalón! ¡Hijo mío, hijo mío Absalón! ¡Quién me diera que yo muriese en tu lugar, Absalón, hijo mío, hijo mío!"-2 Samuel 18:33. Decimos otra vez, esto es tener el corazón de Dios, amar a nuestros enemigos. Después que mataron a Absalón, David regresa a Jerusalén. Pero cuando David estaba cruzando el Jordán, Simei, el que había maldecido, corrió a recibirle junto con los de Judá y el pueblo "Entonces Simei hijo de Gera se postró ante el rey, cuando éste iba a cruzar el Jordán, y dijo al rey: — Que mi señor no me impute iniquidad, ni se acuerde del mal que hizo tu siervo el día en que mi señor el rey salió de Jerusalén. Que el rey no lo guarde en su corazón, porque yo, tu siervo, reconozco haber pecado, y he aquí que he venido hoy, el primero de toda la casa de José para descender al encuentro de mi señor el rey" 2 Samuel 19:18-20

Miremos el corazón del hombre otra vez, --"y dijo: Abisai Por esto, ¿no ha de morir Simei, ya que maldijo al ungido de Jehová?" 2 Samuel 19:21. El corazón del hombre, como dijimos arriba, es rencoroso y vengativo. Pero veamos el corazón de Dios en el de David. "¿Qué hay entre mí y vosotros, hijos de Sarvia, para que hoy me seáis adversarios? ¿Habrá de morir hoy alguno en Israel? ¿No sé yo que hoy soy rey sobre Israel? Entonces el rey dijo a Simei: — No morirás." 2 Samuel 19: 22-23

Bueno, creo que he probado qué es tener el corazón de Dios. Jesús dijo que si tu enemigo de pide de beber dale y de comer, dale. Sabe, si nosotros fuéramos así estuvieran llenas las iglesias, pero lo que hay en las iglesias es el corazón de Abisai, y no el de Dios. Pidámosle a Dios que nos dé el corazón de Él para amar y se verán las iglesias llenas.

Los celos tuvieron grandes consecuencias. El pueblo de Israel comenzó a cantar "Saúl mató a mil, mas David mató sus Diez Mil". Ese fue el problema. Anteriormente toda la atención era para Saúl; pero ahora había llegado un nuevo héroe y Saúl no le gustó eso. En la monarquía pasaba algo muy diferente, cuando alguien ganaba una guerra la gloria se le atribuía al rey y no a los soldados, y por eso se enojó Saúl, se llenó de celos. Lo mismo le pasó a Caín. Cuando Caín mató a su hermano, fue por celos. Dios miró con agrado la ofrenda de Abel. Caín se enfureció y lo mató por celos, pues no soportó que Dios lo amara. Mejor dicho, no soportó que a Dios le gustara o tomara más en cuenta lo que Abel le dio que lo que él le dio. Esto despertó celos y por eso lo mató.

Eso es lo que pasa con muchos líderes que persiguen laicos. Porque a veces Dios usa a otras personas de gran manera, diferente a la de ellos y miran a su hermano como un rival y no como una bendición. Yo recuerdo una vez; que en nuestra iglesia pasó algo como lo del pueblo de Israel. Había un gran gigante, nadie quería trabajar en la obra de Dios. El pastor había abandonado la iglesia y los miembros se habían ido casi todos. El maestro de escuela dominical renunció, el suplente se fue y su servidor daba clase de jóvenes. Luego el concilio decidió mandar predicadores para los domingos, pero tampoco llegaban. Era algo de mucha tristeza, pero Dios puso en mi corazón hacer lo que nadie quería hacer. Recuerdo como si fuera ayer que me tocaba dar la clase dominical, y predicar y también en la calle por un buen tiempo. Todo lo hice para Dios y a Él sea la gloria. Esto fue triste, comencé como con seis y Dios nos ayudó. Dimos testimonio de que no seguimos a hombres sino a Cristo. Cuando la iglesia mejoró, pusieron pastor y volvió el maestro que se había ido, me vieron como un rival. En vez de respeto, me persiguieron con sus comentarios. Se reunieron, llegaron al acuerdo y me pusieron disciplina sin yo saber. Un domingo, como siempre, iba yo a dar la clase y ya estaba otro. Con una excusa barata me dijeron que ya no era maestro y me votaron de todos los cargos como por unos seis meses. Después de haber enfrentado el gigante del desánimo, me pretendían matar, espiritualmente hablando, pero no peleé ni discutí y los dejé trabajar. Lo mismo le pasó a David, cuando todos temblaban de miedo, él enfrentó con la ayuda de Dios al gigante, y le dio victoria al pueblo. Saúl se enojó y desde entonces pretendía matarlo, por eso cuando Saúl iba a celebrar la fiesta de la Luna nueva David decidió escapar antes de morir. Pero me detendré un momento para ver el simbolismo y cómo celebraba la Fiesta de la Luna Nueva.

1.2 LA LUNA NUEVA Y LA FIESTA JUDIA

Pesaj (en Hebreo) {literalmente saltear}. Es la festividad judía que conmemora la salida del pueblo judío de Egipto, relata el libro bíblico Éxodo. Es la festividad judía que conmemora la salida del pueblo judío de Egipto. Relata el libro bíblico Éxodo. El pueblo judío ve en el relato de la salida de Egipto como el rito que marca el nacimiento del pueblo como tal. La festividad es uno de los tres *Shloshet HaRegalim* (fiesta de peregrinaje) del judaísmo, ya que durante el tiempo la época en que el templo de Jerusalén existía, se acostumbraba a peregrinar y al mismo tiempo y realizar Ofrendas. La festividad duraba siete días (ocho de la diáspora), y durante la misma estaba prohibida la digestión de alimentos derivados de cereales (como trigo, cebada, centeno, avena y espelta) fermentados, llamados en hebreo *jametz* (de la raíz la palabra que indica fermentación). En su lugar, durante la festividad, se acostumbra a comer *matza*, (o pan ácido). Según la tradición, el pueblo judío salió de Egipto con mucha prisa y sin tiempo de prepararse, por lo que no hubo tiempo para dejar leudar la masa del pan para el camino. De esa creencia se deriva la prohibición de ingerir *jametz*. Durante la primera noche de festividad (las dos primeras diásporas) se acostumbraba a llevar a cabo una tradicional cena, (LO QUE SAUL ESTABA HACIENDO CUANDO DAVID DEJÓ SU ASIENTO VACIO) llamado "Séder" durante la cual se relata la salida la historia de la salida de Egipto.

El origen de "Séder" podría trazarse hasta los simposios (banquetes) griegos, donde alrededor de una mesa de comida, y recostados en almohadones, se debatía toda la noche sobre algún tema determinado. Saúl trataría de acusar a David, delante de toda la corte para matarlo. David lo sabía y prefirió huir antes de entrar en controversia con el ungido de Dios. Que gran lección. Cuántas veces hemos discutido con los líderes en una mesa redonda para aclarar unos celos. Muchos lo hacen, todo problema lo llevan al concilio y aprovechan para sacar en cara todo resentimiento. Es por eso que las reuniones de los concilios a veces no tienen éxito. Lo que se planeó como una fiesta para Dios se convierte en un pleito. Cuánto tenemos que aprender de David. Estos elementos se presentaban en ritual del Séder

La fiesta también recibe el nombre de primavera ya que en el hemisferio norte marca dicha estación. Dado que en Israel las estaciones secas, a partir de *Pesaj* y hasta *Sucot* se acostumbra a orar por el rocío y no por la lluvia (oraciones que se reservan para el invierno). La pascua cristiana tiene su origen en la fiesta de *Pesaj*, de hecho es bastante probable que la última cena haya sido el tradicional *Séder pascual*. De hecho la iglesia católica tiene su origen en *matza*. Sin embargo, cabe aclarar que la iglesia Católica sólo toma sentido en las palabras del mismo Jesus: *"accipite et manducate ex hoc omnes"* tomad y comed todos de Él; *"hic est enim corpum Deum quod pro vobis tradetur"* este es mi cuerpo que será entregado por vosotros. En este sentido es un hecho fatigo que la *matza* sea el origen material, pero en la fe lo son las palabras de Jesucristo que dice claramente. "este es mi cuerpo, comed de él cada vez en memoria DE MI."

1.2.1 LOS INGREDIENTES DEL SÉDER

Maror y el *chazeret*: hierbas amargas, simbolizan la amarguras y las penalidades de la esclavitud sufrida por los judíos en el antiguo Egipto. El *maror* puede ser cualquier hierba de sabor amargo, como por ejemplo; el rábano con remolacha, no para hacer un condimento denominado *Chrein*. Es de hacer notar que el rábano y las hiervas deben de ser frescas. No tenían que ser condimentadas o encurtidos, dada a las leyes y preceptos del deber, y las leyes judaicas. Era picante la raíz.

Charozet-- retrata de pasta dulce, de color marrón o rojizo, mezcla de diversos frutos frescos, de textura pedrosa y los edificios del antiguo Egipto. En las casa de los judíos

Ashkenazi cuando celebra el *Séder* el *charozet* se hace de nuez picada, manzanas, canela, y vino dulce. Los judíos en su receta esto simboliza en los ingredientes los atributos del pueblo judío en labras del rey Salomón y como menciona en Cantar de los Cantares.

Karpas--suele ser una verdura o hierba de sabor amargo que untada en agua salada (salmuera) al comienza del *Séder*, se suele emplear perejil, apio o patata cocida, pero era para que no olvidaran la amargura.

Kiddush--verdura en agua salada(que representa lágrimas) refleja la pena que sintieron los eslavos judíos en Egipto, que sólo pudieron comer alimentos simples y poco preparados. El consumo inicial de *karpas* en el *Séder* significa que lo niños en la mesa comienzan a preguntar por significado de la celebración, generalmente en el *sabbat* o en las comidas de las festividades. Sin embargo, el primer alimento ingerido tras el *kiddush* con el vino es el pan. Por eso que Elí pensaba que Sara estaba ebria, por que constaba de tres copas para esta celebración. Según 1Samuel 1:14- él le dijo digiere tu vino. En la mesa del *Séder*, sin embargo, el primer alimento ingerido tras el *kiddush* es una verdura. Este cambio en el orden deja de inmediato la recitación de la famosa cuestión *Ma-Nishtana* que hace diferente esta noche de las otras.

Veit Shatt. Un huevo cocido, simbolizan el *korban chagigah* (festival del sacrificio) que fue ofrecido en el templo de Jerusalén. Este huevo no es ingerido como parte de la cena del *Séder.* A pesar de ser el sacrificio del *pesach y chagigah,* ofrecimientos carnicol, el *chagigah* es con merodeado con el huevo, como símbolo de luto (los huevos son servidos en las celebraciones de los velatorios tras los funerales) de esa forma elaborada; la forma de muerte de los que perecieron en el desierto y la destrucción del templo. Se celebraba el 15-22 del mes de nisan que corresponde abril.

z"roa--Una tibia de cordero, puede ser también una ala de pollo, o un cuello. Simbolizando el *korban pesach* (sacrificio del *pesach*) en el que se ofrece un cordero. Sacrificio en el templo de Jerusalén, en el que se asa y se come como parte de la cena de la celebración del *Séder night.* Desde la destrucción del templo el *z"roa* se sirve como un recuerdo visual del sacrificio del *pesach* pasaron,vease,(fiestas judías Wikipedia libre, el purin). Pero además de la luna nueva. También me viene a la mente (donde se sienta Satanás no te sientes, deja el asiento vacío)

CAPITULO II

2.1 DONDE SE SIENTA SATANÁS NO TE SIENTES

Como dice el Salmo 1, aunque sabemos que es un Salmo mesiánico, pero como dice la escritura que toda es acta para ensenar, tomémoslo literalmente. Como dice 2 Timoteo 3:16 "*toda la Escritura es inspirada por Dios, y útil para ensenar, para redarguir, para instruir en justicia*", por eso tomo el Salmo, como literalmente para enseñar una verdad justa. Dice así: Salmo 1:1 "*Bienaventurado el varón que no anduvo en consejo de malos, ni estuvo en camino de pecadores, ni en silla de escarnecedores se ha sentado.*" No es que camines por donde pasó un asesino, o que no te sientes en el mismo lugar que un drogadicto, ese era el problema con los fariseos.

La ley que decía en Levíticos 15:19-27. Las leyes de la impureza física, dice "Cuando a una mujer le llegue su menstruación, quedará impura durante siete días. Todo el que la toque quedará impuro hasta el anochecer. Todo aquello sobre lo que ella se acueste mientras dure su período menstrual quedará impuro. Todo aquello sobre lo que ella se siente durante su período menstrual quedará impuro. Todo el que toque la cama de esa mujer deberá lavarse la ropa y bañarse, y quedará impuro hasta el anochecer. Todo el que toque algún objeto donde ella se haya sentado, deberá lavarse la ropa y bañarse, y quedará impuro hasta el anochecer. Si alguien toca algún objeto que estuvo sobre su cama o en el lugar donde ella se sentó, quedará impuro hasta el anochecer. Si un hombre tiene relaciones sexuales con esa mujer, se contaminará con su menstruación y quedará impuro durante siete días. Además, toda cama en la que él se acueste quedará también impura. Cuando una mujer tenga flujo continuo de sangre fuera de su período menstrual, o cuando se le prolongue el flujo, quedará impura todo el tiempo que le dure, como durante su período. Toda cama en la que se acueste mientras dure su flujo quedará impura, como durante su período. Todo aquello sobre lo que se siente quedará impuro, como durante su período. Todo el que toque cualquiera de estos objetos quedará impuro. Deberá lavarse la ropa y bañarse, y quedará impuro hasta el anochecer."

Por eso criticaban a Jesús, pero como dijo; Jesús "no es lo que entra en el hombre si no lo que sale de su corazón". Ya no estamos bajo la ley. David esta hablando de que al criticar y calumniar al hermano o vecino es hacer lo mismo que hicieron estos hombres, y seguir su ejemplo. David sabía que Saúl, en esa fiesta, lo iba a querer matar, por eso abandonó el, asiento, como dice el sabio ve el mal y se aparte de él. Como dice Juan 10:10, que el ladrón no viene sino para robar, matar y destruir. Uno debe de ser manso, como paloma, pero astuto como serpiente.

La iglesia Católica esta perdiendo gran parte de laicos. Un reporte de la prensa de Francia dice que Francia no es más católica. Según ese documento dice que el 10% van a misa, los domingos y cada día Francia se vuelve más atea, y algunos buscan el todo la tina cristianismo. En America la iglesia católica está perdiendo más y más laicos. Cada día son más los que se convierten a Cristo, y no sólo los laicos, sino también los sacerdotes, como el padre Alberto en los últimos días. No lo pueden explicar, pero es que se están dando cuenta que donde se sienta Satanás hay que dejar el asiento vacío Los bares y las cantinas están quedando vacías También los asientos de los psíquicos, se están quedando vacíos, porque la gente se está dando cuenta que donde se sienta Satanás no te sientes. No sólo ellos, sino también los episcopales, es como dice Apocalipsis Capítulo 2:9 sinagoga de Satanás y donde se sienta Satanás, no te sientes y escapa por tu vida

Hay pastores que no son como el corazón de Dios y que en cada sermón persiguen a sus miembros y todavía tiene el valor de decir que es palabra de Dios. También dicen yo se donde esta el trono de Satanás. Hay muchas iglesias que no predican el evangelio de paz, sino que cargan al pueblo de muchos dogmas y de muchas leyes y por eso los asientos están vacíos. Segunda de Timoteo 2:14, *"Recuérdales esto, requiriéndoles delante de Dios que no contiendan sobre palabras, que para nada aprovecha, sino que lleva a la ruina a los que oyen."* Es vergonzoso que los impíos oigan que dos personas de la iglesia estén discutiendo sobre un asunto que no aprovecha para nada. Esto es ocasión para que muchos dejen el asiento vacío.

CAPITULO III

3.1 HAY VERDADES QUE POR SER VERDADES NO SE DICEN

Tengo al menos tres clases de verdades que las encontramos en el libro de Samuel, que tanto leemos. Un versículo que Cristo dijo. *"y conoceréis la verdad, y la verdad os hará libres."* Juan 8-32. Me he encontrado con muchos que creen que están hablando la verdad, y piensan que están hablando la verdad para que sean libres los que los escuchan porque Cristo les dijo. Lo que hacen es criticar a sus hermanos. Lo que yo encuentro en este pasaje me deja atónito. Hay verdades que no se dicen, que me deja con una sola opción, por ejemplo: 1 Samuel 16: 2 *"Samuel preguntó: — ¿Cómo voy a ir? Si Saúl se llega a enterar, me matará. Jehová respondió: — Toma contigo una vaquilla del ganado, y di: "He venido para ofrecer un sacrificio a Jehová."* Primero le dijo ve y me ungirás un hijo de Isai por rey. Era verdad que Samuel iba a ungir a David, pero no le dijo a Saúl, y era una verdad. Bueno entonces por qué no le dijo la verdad, por temor. O es que Dios no está interesado en herir a la gente. Que pena que muchos, hasta del altar gritan en voz en cuello que Dios los a mandado. Dicen cosas que a la verdad no parece, sino, un delate de la vida pasada de esa persona. 1Samuel 19:17-*"Entonces Saúl preguntó a Mical: — ¿Por qué me has engañado así y has dejado ir a mi enemigo, de modo que se escapase? Mical respondió a Saúl: — Porque él me dijo:*

"¡Déjame ir! Porque si no, te mato." En el contexto no aparece nada de que David le haya dicho nada, así que era una mentira. ¿Por qué; no le dijo la verdad? Por que hay verdades que por ser verdades que por ser verdades no se dicen. Aún más, ella le dijo a él, --escapa por tu vida--, y lo descolgó por una ventana. Lo mismo que paso con Raab cuando los espiíllas fueron a Jericó, ella no los delato con los soldados: Josue 2:4 *"Es verdad que vinieron a mí unos hombres, pero yo no sabía de dónde eran."* ¿Por qué no les dijo la verdad? Por que hay verdades que no se dicen.

Cuántas veces nosotros nos hemos dado cuenta de algo que pasó a nuestro hermano, y en ves de cubrirlo, se lo decimos a todo mundo. No trato de decir que mintamos. Jesús a la mujer adultera no intentó hacerle preguntas, o hablar de ella después, sino que dijo, --dónde están los que te acusaban, y Él dijo; ninguno, pues yo tampoco te acuso. Juan 8:1-11. Era verdad que la habían encontrado en el mismo acto, pero si el quería hubiera dicho, --y dónde está el adultero, tráiganlo también, porque los dos son culpables. Él sabía que era verdad, pero no le dijo –adultera, ¿por qué lo haces?, sino que le dijo: mujer no peques más. Jesús sabía que habían verdades que no se decían. Y qué de cuando fue a la casa de Zaqueo, él sabía que era pecador. La mujer que le ungió los pies, los fariseos decían, "si supiera quién es ésta", pero Jesús no le dijo nada a la mujer, el podía tirarle una patada y reprenderla. Jesús reprendió a los fariseos varias veces, pero fue porque ellos conocían la verdad. Se creían tan limpios que rechazaron a su Mesías, por el orgullo que tenían. Jesús nunca reprendió al que se humillaba.

Dios nos llama a predicar el evangelio, o sea la esperanza, no a juzgar a nadie. Hay gente que se creen más justas que Dios. Miqueas 7:19 dice que Él volverá a tener misericordia de nosotros, sepultará nuestras iniquidades, y echará en lo profundo del mar todos nuestros pecados. Si Dios entierra y olvida nuestros pecados por qué nosotros tenemos que recordarles el pasado. Algunos parecen buzos, que les gusta buscar en el mar del pasado de la gente para recordar y acusar lo que hicieron antes. Si Dios perdonó, qué importa lo que el hombre nos acusa. Como dice la Biblia "Bienaventurado el hombre a quien Jehová no culpa de iniquidad, bienaventurado a quien cuya transgresión ha sido perdonada, y cubierto su pecado" Salmo 33-1-2.

En 1 Samuel 20: 28—"y Jonatán respondió a Saúl; David me pidió encarecidamente que lo dejara ir a Belén" cuando David no estaba en Belén, sino escondido en una cueva. Me llama más la atención lo que hizo Jonatán con David. ¿Por qué lo hizo? Bueno, cabe decir algo que muchas veces nosotros lo olvidamos, y es que apoya al que Dios escoge y no al que el hombre quiere. Según el versículo. 31, porque todo el tiempo que el hijo, de Isaí viviere sobre la tierra, ni tú estarás firme, ni tu reino, eso era aun gran oferta que podría, hacer que traicionara a David y así obtenía el reino. Pero como Jonatán está dispuesto a no apoyar a su padre, pero sí apoyar al que Dios escoge. El sabía que después de su padre, David reinaría. Con todo eso se sometió a la voluntad de Dios. Que lindo sería que todos fuéramos como Jonatán, que no andaba en busca de puesto, sino de apoyar al que Dios escoge. El hizo todo lo que tenía que hacer por ayudar aunque eso significaba perder el reino.

Muchos líderes, cuando se dan cuenta que Dios está levantando a otro, en vez de apoyarlo se reúnen para echar juicio y usan de su autoridad para no dejar que Dios cumpla con sus planes. Los que Dios ha llamado y no se afearan a nada, no importa si el líder no los acepta. Dejan todo, dejan el asiento vacío porque se van a huir hasta que Dios mueva esa situación y otros preguntan qué pasó con él, por qué está su asiento vacío. Esto le pasó a Moisés cuando quiso ayudar. Lo acusaron y le tocó que huir hasta que murieron los que lo querían matar, Éxodo, 2:15-16. Lo mismo que pasó con Jesús cuando Herodes lo perseguía para matarlo. Un ángel le dijo a José en sueño que tomara al niño y se fuera a Egipto, Mateo 2: 13- 14. En el verso 19 dice que muerto Herodes, un ángel del Señor le apareció en sueno a José en Egipto, le dijo que regresara porque habían muerto los que procuraban matar el niño.

A veces Dios manda libertadores, pero el pueblo no los acepta, y tienen que pasar más tiempo para que Dios haga lo que quería hacer. Si tuviéramos más visión sabríamos si Dios nos quiere ayudar con ciertas personas. Como siempre estamos acusando, retarda lo que tiene planeado Dios para nosotros hasta que entendamos que Dios está en el asunto. Israel rechazó a su libertador y ahora tiene que esperar hasta después del rapto de la iglesia. En Romanos 11-25 dice que después de esto todo Israel será salvo. Si hubieran tenido visión no hubiera pasado esto, pero así es lamentablemente, no entendamos cuándo Dios esta obrado y retardamos sus planes.

3.2 SIGILO Y SU FUNCION PROFECIONAL.

La iglesia no tiene sigilo o secreto profesional. El secreto profesional es el que tienen ciertas personas profesionales, mantener en secreto la información que han recibido (del cliente) al contrario de lo que ocurre de otros tipos de deberes confidenciales. El secreto profesional se mantiene aun en el juicio. Entre estos profesionales cabe citar como casos más típicos; abogado, médico, psicólogo, el periodista y el trabajador social. Con el juramento (hipo Caprio), todo lo que viere u oyeren en mi profesión o fuera de ella lo guardare como sumo "sigilo". El juramento Hebreo de Asaf, dice no revelaremos secretos que te han confiado. Creo que como Jonatán y Macal eran príncipes y trabajaban en la corte, por eso tenían sigilo y no podían contar lo que su paciente les había revelado. En este caso que era David, y el juez era su padre.

Hoy en día los cristianos no tienen sigilo. Por eso las sillas están vacías. El secreto profesional es una obligación de confidencialidad que se impone por la necesidad que exista una absoluta confianza entre el profesional quienes acuden a solicitar su servicio. Por ejemplo, un acusado no podía contar toda la verdad a un abogado si luego se pudiere obligar a usar al abogado como testigo en su contra por lo que le ha contado. Una enfermera si no tiene sigilo y le cuenta al paciente lo grave de la enfermedad, y se dan cuenta, pierde su trabajo y su profesión. Antes de aprender medicina tiene que aprender a guardar el sigilo.

3.2.1 LA IGLESIA NO TIENE SIGILO

Los pastores están en chismes en la iglesia, Una persona le cuenta algo y luego todos lo saben. Estos no deberían de ser así, los pastores tienen que tener sigilo. Como le dijo; Pablo a Timoteo, "*ten cuidado de ti mismo*" 1Tomoteo 4:16. Cuando he pecado nunca se lo he dicho a nadie. Como dice el Salmo 51:14 Dios no rechaza un corazón contristo y humillad. Si la gente esta en la iglesia es porque se han reconocido y están humillados. S uno se arrepiente Dios no se lo cuenta a nadie. Me da pena en la iglesia que no callan nada, como escribí en mi primer tesis, (Dones vs. Obligaciones). Personas que tienen dones, pero no cumplen con sus obligaciones. Todos los la junta directiva de cada iglesia tiene que tener sigilo. Y después no pregunten por qué están las sillas vacías. Están vacías porque ustedes no callan nada. El Proverbio dice el que anda en chisme descubrirá el secreto.

3.3 UN ALMA FRACASADA

¿Cuál es el origen del alma? El alma es el principio vivificante e inteligente que anima el cuerpo humano empleando lo sentidos corporales como sus agentes en la exploración de las cosas materiales y los órganos para expresión de sí misma y comunicación con el mundo exterior Debe su existencia a Dios. Lo podemos describir como espíritu viviente. Pero no es parte de Dios porque Dios no peca.

1. El alma distingue la vida del hombre y de la bestia, también de las cosas inanimadas y de la vida inconsciente de las plantas
2. El alma distingue al hombre de los animales. Los animales tienen alma pero es una alma terrenal, que perece al morir el cuerpo (Eclesiastés 3:1). El alma del ser humano es distinta, esta clasificada por el espíritu humano.
3. El alma distingue a un hombre del otro y forma de esa manera la individualidad, por lo tanto el vocablo empleado "alma" es empleado frecuentemente a las personas en Éxodo 1:5, las setenta almas. También hemos empleado este vocablo cuando decimos (no se veía una alma).

3.3.1 EL ORIGEN DEL ALMA

Sabemos que la primera alma existió como resultado del soplo de Dios, que trasmitió al hombre un hálito de vida.

1. El alma es la tenedora dé o portadora de la vida. Cuando se pierde el alma sólo queda una descomposición de materia.
2. El alma satura y habita toda parte del cuerpo y afecta más o menos todas las partes.
3. Por medio del cuerpo el alma recibe su información del mundo exterior. Y estas son sus ventanas, (la vista-el ojo, el oído, el gusto y el olfato, y el tacto) y trasmitidas al cerebro por medio del sistema nervioso. Por medio del cerebro el alma trabaja esas impresiones mediante los procesos del intelecto, de la razón, la memoria, la imaginación. El alma procede de acuerdo con estas

excepciones. Entonces el alma es el centro de las emociones y cuando esas emociones son controladas, puedes hacer su afecto y actuar para bien o mal.

Cuando un alma fracasa o entra en depresión o se mueren todas ganas de vivir. Por eso Saúl sentía melancolía y pasaba atormentado, sólo podía tener paz cuando David tocaba el arpa. Él estaba decepcionado de sí mismo y no podía pensar positivamente. No aceptaba que nadie fuera victorioso. Eso pasa a veces en las iglesias que los hombres pecan y sus planes se vienen abajo y se sienten que se mueren. No aceptan a nadie y cuando se expresan no dicen ni una palabra positiva. Y no aceptan a nadie que triunfe, lo critican y también lo acusan porque tienen envidia del que es victorioso. Esto es algo que le pasaba a Saúl, que como el había fracasado no podía aceptar a otro que triunfara. Por ejemplo, una consciencia fracasada es la primera en acusar. Veamos las expresiones de Saúl, cómo una alma fracasada se expresa; 1 Samuel 20: 26 mas aquel día Saúl no dijo nada, porque se decía, le habrá acontecido algo, y no está limpio, pero quién perseguía a quién. ¿No era Saúl que lo quería matar? Como el alma de Saúl estaba fracasada, no aceptaba la vida de David que era victorioso. Lo mismo que paso con Caín cuando mató a Abel, porque no aceptó el alma de su hermano que era victoriosa y lo mató.

Un alma fracasada no acepta a los victoriosos, por eso Satanás no te acepta a ti; porque eres victorioso, y quiere matarte. Porque tú eres victorioso en Cristo. Lo mismo le paso a los judíos que se creían tan limpios y nunca aceptaron a Jesús porque sus almas estaban fracasadas en la religión, y no podían aceptar al victorioso, Aleluya. Se creían tan limpios que se atrevieron a decir, somos hijos de Abraham. Lo mismo que dijo Saúl, cuando dijo: de seguro no esta purificado. Como dice Juan: 8:39: Respondieron y le dijeron: Nuestro padre es Abraham. Jesús les dijo, si fueses hijos de Abraham, las cosas de Abraham harías. Pero ahora procuráis matarme a mi, hombre que os he hablado la verdad, la cual he oído de Dios; no hizo esto Abraham. Nosotros no somos nacidos de fornicación, un Padre tenemos, que es Dios. Jesús entonces les dijo: si vuestro padre fuese Dios, ciertamente me amarías, porque de Dios he salido y he venido. Vosotros sois de vuestro padre el diablo, y las obras de vuestro padre el diablo; y los deseos de el le queréis hacer, el ha sido homicida desde el principio y no a permanecido en la verdad; porque no hay verdad en él, cuando habla mentira, de suyo habla; por que es mentiroso, y padre de mentira. Respondiendo entonces los judíos, y le dijeron, no decimos bien nosotros, que tú eres samaritano, y que tienes demonio. Después de esta controversia, que tuvieron con él, les reprendió (SU MANERA DE INTERPRETAR QUE ESTABAN LIMPIOS) tomaron piedras para matarlo, lo mismo que hizo Saúl, contra su hijo cuando defendió a David, porque cuando te crees tan limpio, y no lo estas, sientes envidia, celos, y hasta odio, y no aceptas a nadie.

Si te sientes limpio te voy a dar un consejo, Gálatas 6: Si alguno fuere sorprendido en alguna falta, vosotros que sois espirituales, restauradle con espíritu de mansedumbre, considerándote así mismo, no sea que tu también seas tentado. Por que el que se crea ser algo, (o se crea limpio) no siendo nada, así mismo se engaña, así que cada uno someta su propia obra, y entonces tendrá motivo de que gloriarse con respeto así mismo, y no en otro, o sea que si tú crees que nunca vas fallar habla pero si tienes pecado mejor, cállate y no acuses, que también necesitas ser limpiado. Es que cuando alguien se cree tan limpio, que acusa a todos, pero no había un hombre tan limpio como mi Señor, y no tiro la piedra, ni acuso, por eso estos se enojaban porque pensaban, que ser limpio era. Acusar a los débiles; pero eso no es así.

3.3.2 NADA A QUE AFERRARSE, COMO JESÚS Y DAVID

Volviendo a nuestro pasaje bíblico, es un estudio basado en la Biblia, y es muy grande, sólo trato de dar una serie de lo que he visto en todo este camino del evangelio. En el Capítulo 21 de Samuel dice: vino David a Nob, al sacerdotote Ahimelec: y se sorprendió Ahimelec de su encuentro, y le dijo: ¿cómo es que vienes solo, y nadie contigo? Pero me llama la atención aún más esto, cómo David, hizo uso del sigilo y le dijo: El rey me ha encomendado un asunto, y me dijo: que nadie sepa cosa alguno del asunto del que me envío, y lo que te he encomendado. Pero él nunca habló con el rey, por qué no le dijo la verdad, porque eran profesionales. David en toda su trayectoria cometió y muchos pecados. Y esto sería otra tesis, pero nunca fue CHISMOSO. David estaba purificado, cuando el sacerdote le preguntó, si estaban santificados y el respondió que sí, 21:5.

La mejor arma, cuando uno siente miedo, y no tiene, fuerzas para seguir, después de la oración y es el ayuno, y la Biblia, la ayuda del Espíritu Santo. Es un recuerdo de tus victoria, que tú eres victorioso. La espada de Goliat, que le dio el sacerdote, David la recobró El ánimo, como lo que le paso a Pablo cuando se sentía solo en prisión. En 2 Timoteo 4:13, Trae contigo cuando vengas, el capote que deje en Troas, y los libros, mayormente los pergaminos. Todos sabemos que era la palabra de Dios, pero también eran sus escritos, que le recordaban que era un gran hombre victorioso. Eso le recordaba que Dios lo usaba. Una vez cuando comencé a escribir esta tesis, me sentía sin fuerza y cuando me di una mirad a mi biblioteca encontré la copia de la primera tesis, y recobre fuerzas, porque Dios me ayudó una vez, y me volvería ayudar otra vez. Aunque no trabajo como líder por ahora; pero no me detiene para escribir un nuevo proyecto. Eso mismo le pasó a David, que recobró fuerzas, y no se aferro a nada. Dejó el asiento vacío. Cuando David no estaba ante todos, siendo visto, él seguía peleando sus batallas.

Si te toman en cuenta en los altares, no te preocupes, pelea tus batallas, y Dios te pondrá en donde, el te dijo. Yéndose luego David de allí, huy a la cueva de Adulan, Capitulo 22. Cuando David estaba en el desierto, Capítulo 23, dieron aviso a David, diciendo: he aquí los filisteos combaten a Keila, y roban las arreas. Como David era guerrero, aunque no peleaba para el rey, peleaba sus propias batallas. Ellos dijeron estamos aquí, con miedo en Judá. Fue, pues, David con sus hombres a Keila, y peleó contra los filisteos y se llevó sus ganados, y les causó una gran derrota. Libró David a los de Keila.

Jesús, también dejó su asiento vacío y vino a ganar una gran victoria, y nos liberó del pecado y de la muerte. Filipenses, 2:7, sino que se despojó a sí mismo, tomando forma de siervo, hecho semejante a los hombres. Un día Jesús dijo, Padre como aquella gloria que teníamos tú y yo. Lo mismo que le pasó a Moisés, Hebreos 11-24. Hecho ya grande, rehúso a llamarse hijo de la hija del faraón, escogiendo antes ser maltratado con el pueblo de Dios que gozar de los deleites del pecado. Para escribir esto yo también tuve que dejar el sueño, el asiento del sofá, para sacrificarme. No te aferres a nada, y pelea tu batalla, que Dios te pondrá don. Él prometió, hay gente que no dejan la comodidad, y quieren ver la mano de Dios. Quieren dones de ciencia, pero nunca leen la Biblia, quieren escribir libros, pero nunca van a una universidad. Otros saben que pueden ser de bendición para otros, pero están aferrados al altar. David nunca se aferró al palacio del rey, él peleó sus batallas. Jesús no se aferró por ser el hijo de Dios. Siendo Dios, dejó su gloria, para ser de bendición a otros.

CAPITULO IV

4.1 LA ESCUELA DOMINICAL Y SU PROPÓSITO.

La escuela dominical puede ser un instrumento de mucha bendición, pero si no sabemos cuál es su función también dejará muchos asientos vacíos.

4.1.1 DESARROLLO E INFLUENCIA DE LA ESCUELA DOMINICAL. (1780)

A mediados del siglo XVIII había una situación lamentable en Europa. Fue un tiempo de industrialización, con mucho énfasis en la producción en masa. Había mucha demanda para las labores de obreros y éstos no necesitaban de una educación para trabajar en las grandes fábricas de la época. Aun niños trabajaban largas horas en las fábricas. No había quién se preocupará por la clase obrera que estaba sin educación y sin fruto.

Para este tiempo el desarrollo educativo motivado por la reforma con Martín Lutero había perdido su fuerza e influencia, llegando a tener una forma escatológica, estática o disuelta por los ácidos del racionalismo. Como resultado, la iglesia tradicional no se enfrentó con esta situación, sino que se quedó pasiva. En Inglaterra hubo hechos que ayudaron a frenar esta situación lamentable de las clases bajas. Por un lado hubo los grandes avivamientos bajo el impulso de WESLWEY Y WHITEFIELD; en todos los distritos de Inglaterra. Por el otro, la influencia de la escuela dominical.

Los historiadores convierten en afirmar que estos dos factores salvaron a Gran Bretaña de sufrir disturbios similares a los de la revolución francesa, veamos cómo se organizó la escuela dominical.

ROBERTO RAIKES (1735- 1811) era un periodista de alto rango de Gloucester. Publicaba el *Gloucester Journal*. un diario con mucha popularidad. Era de la clase alta, vivía en un lugar lujoso y se vestía con ropas caras y extravagantes. Este fue el hombre que dio comienzo a lo que hoy se llama escuela dominical. Se multiplicaron rápidamente en toda Inglaterra y luego en todo en mundo.

Hasta ese tiempo, nada adecuado se había hecho en Inglaterra por la educación de los niños. Con niños humildes el movimiento comienza por Roberto Raikes y se expandió rápidamente de cuidad en cuidad. Dio a millones de niños la oportunidad en la vida que nunca hubieran tenido de otra manera. En la cuidad de Gloucester, Inglaterra, había vicio y crimen y se trataba de controlar esa situación con penas de prisión. Pero Raikes tomó interés en estos prisioneros dándole comida, abrigo y dinero. Sin embargo no tardó, en darse de cuenta que sólo trataba los síntomas y no la causa del problema. Sólo los niños de aquel tiempo tenían oportunidad de educarse, los demás crecieron en la ignorancia y sin conocer de Dios. No habían leyes de trajo adecuadas en ese entonces, por eso aún los niños pequeños tenían que trabajar largas horas en las fabricas de Gloucester. Los domingos estos niños estaban deambulando en las calles para hacer maldad. Había iglesias pero no eran meramente para los niños. Un día Raikes conversaba con Sofía Cooke, una joven metodista, en un barrio pobre de la cuidad del Gloucester. Viendo a los niños viles y sucios llenando las calles, Raikes se volvió a Sofia y le dijo; ¿qué haremos con esto niños pobres e ignorados? Evidentemente la señorita Cooke ya había pensado en el asunto, pues de inmediato respondió; enseñémosles a estos niños a escribir y a leer y llevémonos a la iglesia.

Roberto Raikes determinó, con la ayuda de Dios, hacer algo por la salvación de los niños de los barrios pobres. Para rescatarlos de la vida de maldad y hacer de ellos unos ciudadanos buenos y honrados. Lo extraño es que Raiques estuviera solo en esa empresa tan benévola. Recibía burlas de su propia iglesia, la iglesia anglicana, porque ellos decían que profanaba el día domingo. Raike alquiló una casa en Gloucester y abrió la primera escuela dominical, en 1780. Luego sus amigos lo llamaron Roby, el ganso salvaje y su andrajoso regimiento. Estos andrajosos se reunían dos horas para estudiar.

Raikes usó su diario para recomendar e informar las escuelas dominicales, ya que no sólo había resultados externos de aprendizaje, sino que había salvación de niños. A través de estas escuelas, los artículos del diario contribuían a los esfuerzos que se hacían y fueron imitados por otros periódicos de Inglaterra. Al tener éxito con la primera escuela dominical, Raikes alquiló otra casas y sucesivamente hasta tener varias de ellas. Los niños tenían entre seis a catorce anos de edad. Se estaban cumpliendo los propósito de quitarlos de las calles los domingo, enseñarles a leer y a escribir y llevarles el evangelio de Cristo. Luego hasta ni niños de solo cuatro anos llegaban a la escuela dominical. Las escuelas dominicales de Inglaterra llegaron a matricular hasta 250.000 alumnos en 1798. Las escuelas dominicales empezaron a incluir a jóvenes en programas de enseñanzas reuniéndolos los domingos por la mañana.

JUAN WESLEY, famoso evangelista y fundador del movimiento metodista, apoyó el movimiento de escuela dominical y también desarrolló clases para los niños en las sociedades metodistas que fundaba. Él enfatizó que los predicadores tenían que tomar tiempo para enseñar a los niños.

Cuando murió Roberto Raikes en 1811, la asistencia en todas las iglesias había crecido a 440.000 niños. Luego en Inglaterra se planificó un sistema de escuelas del estado y la iglesia y los cristianos se dedicaron sólo a la escuela dominical permanente.

Guillermo Elliott, en 1785, fundó las escuelas dominicales en los Estado Unidos de Norte America, siguiendo la forma de estilo de Raikes en Inglaterra. Elliott era un laico metodista quien abrió su propio hogar para la primera escuela dominical permanente. Habían varios esfuerzos para reunir a los niños los domingos para que recibieran instrucción religiosa en 1665 y en 1674, pero no duraron. Elliott enseñaba a los niños blancos en un horario y a los hijos de los esclavos en otro horario, todos los domingos. Otras personas empezaron a poyar este movimiento comenzando en Virginia, y se llevó el movimiento a Filadelfia, donde para el año 1800 había 2.000 alumnos registrados allí.

Durante la época colonial en America las instituciones religiosas había estado combinadas con la educación secular en las escuelas de cada lugar. A medida que las escuelas se apartaron de la iglesia, los cristianos encontraron en la escuela dominical un instrumento espiritual. Se organizó la unión de America de escuelas dominicales, y se enviaron misioneros para abrir y establecer escuelas dominicales en las comunidades. Luego crecieron hasta convertirse en iglesias.

El propósito de las escuelas dominicales era evangelizar mediante un programa educativo. Miremos cuáles eran esos propósitos:

1. Ganar almas para Cristo, no para sí mismo, ni meramente para la iglesia. Ningún maestro debe de estar satisfecho mientras no logre que los alumnos se conviertan a Cristo.
2. Desarrollar la vida espiritual de los alumnos.

Tienen que ser edificados en la fe del Señor. De que sirve ganarlos y luego que dejen los asientos vacíos. Hay que enseñarles a permanecer hasta el fin. Prepararlos para la obra de Cristo. Así que la fe viene por el oír, y el oír, de la palabra de Dios, Romanos 10-17. Enseñarles que guarden todas las cosas que Jesús les ha mandado Mateo 28:20.

Ir por todo el mundo y hacer discípulos a todas las naciones, Mateo 28:19-20.

Bueno usted en su iglesia no capta que cada día son menos los laicos que llegan y no con mucha regularidad. Es porque no están usando la escuela dominical para ganar almas para Cristo. Dios me permitió ser maestro de escuela dominical y lo primero que me tocó cambiar fue que no se viene a sacar "trapos al sol". Todos esperaban llegar a la clase para tirarse unos a otros, eso no es escuela dominical, que pena me daba. Luego los pastores se preguntan por qué están los asientos vacíos. No saben y no conocen el propósito de la escuela dominical por eso me tomé la molestia de escribir este párrafo, para que todo el que lo lea cambie de pensar y volvamos a retomar la visión de las escuelas dominical. Que Dios nos ayude, no usemos más la escuela dominical para tirarle a la gente, es para ganar almas para Cristo por amor de Dios.

Si les digo esto es porque conozco a un hermano que no todos los domingos hace de la escuela dominical una pela para los laicos. Que pena, por eso hay tantos asientos vacíos en las iglesias, por no saber usar lo que Dios nos dio como medio para ganar almas. Es más ya parecemos como los escribas y fariseos cargando al pueblo de ideas pero no de esperanza.

Jesús les dijo un día a los fariseos, --más hay de vosotros, escribas y fariseos, hipócritas Por que cerráis el reino de los cielos delante de los hombres; pues ni entráis vosotros; ni dejas entrar a los que están entrando. Mateo 23:13. No se dan cuenta que están acarreando juicio sobre sus cabezas cuando no enseñan lo que Dios quiere y están hiriendo a los hombres. Oí decir a un pastor una vez, --al que no le guste lo que digo y está buscando excusas para irse, y ya está a punto de salir corriendo, puede irse, yo no lo detengo. Hay tres puertas, por cualquiera puede salir.-- No saben lo que hacen. Están cerrando la puerta a estas personas, no tienen compasión. Después se preguntan por qué están los asientos vacíos. Yo estaba de visita, nunca quise regresar. Cuando algún día me sintiera débil, este hombre me patearía, no me levantaría. La escuela dominical es de bendición, pero es como un cuchillo. Te puede servir para cortar lo malo, pero también para matar, de pendiendo quién lo use.

4.2 EL EVANGELIO ES UNA ESPERANZA O UNA CARGA

Según Mateo: 23:13, -mas hay de vosotros, escribas y fariseos, hipócritas, porque cerráis el reino de los cielos delante de los hombres: pues ni entráis vosotros. Ni dejáis entrar a los que están entrando. Si tomamos este pasaje, tendremos una clase de fariseos de la misma clase hoy en día. Hay muchas denominaciones que pretenden hablar del evangelio pero lo único que hacen es poner más cargas a la gente de las que ya tienen. Conozco muchas iglesias que, si uno no tiene corbata no puede predicar. No sólo eso, te piden y te dan tantas dogmas que uno se queda atónito de lo crucial que son. Pero el evangelio no es carga sino esperanza.

Déjame escribir algo sobre el judaísmo y por qué Jesús les hace esa expresión.

Por ejemplo: evangelio quiere decir buenas nuevas, que a través de Jesucristo. Somos libres de pecado y por su obra redentora podemos ser salvos. El conflicto de los judíos fue este: que cómo es posible que sólo con creer en Jesús eras salvo. Y qué de la ley y el Talmud.

Según Romanos 10:1; - hermanos, ciertamente el anhelo de mi corazón, y mi oración a Dios por Israel, es para salvación.-- Pero él sabía que estaban actuando de manera incorrecta, pero Pablo decidió ser rechazado por emplear la nueva noticia. El pueblo de Dios escogido. ¿Cuánto debe el mundo a los judíos? Las leyes de muchos países se basan en los diez mandamientos que Dios dio a Moisés. A quienes debemos la palabra que leemos cada día para nuestra dirección, alimentación espiritual y comunión con el Señor. Los que escribieron el Antiguo Testamento y todo el Nuevo (con la excepción de Lucas, eran judíos. Y de los judíos recibimos al Salvador. Cuando el Hijo de Dios se hizo hombre, vino al mundo como judío, del linaje real de David.

Desde los tiempos de Abraham, Isaac y Jacob, los judíos han sido el pueblo de Dios, a pesar de sus caídas nacionales. Siempre un núcleo permanece fiel al pacto con Dios verdadero. A través de los siglos, conservaron por escrito y le dieron al mundo la revelación de a Dios de su voluntad par la humanidad. Esparcidos por todo el mundo en el cautiverio por el comercio, abandonaron la idolatría que les había ocasionado su caída. Diseminaron también de un Salvador prometido para su nación. Sería el Mesías (que significa ungido) de Dios traducido "Cristo" en el Nuevo Testamento. Un libertador que restaurará a Israel a su gloria anterior y los pondría por cabeza a las naciones.

Su situación espiritual.

Millones de judío leen hoy el Antiguo Testamento y oran por la venida del Mesías prometido. Muchos ya lo conocen, oran por la salvación de su pueblo y esperan por el retorno de su Salvador de Israel. Otros no creen en Dios. Los judíos de hoy se dividen en cuatro grupos principales a la religión.

1. El judío racionalista ha abandonado la fe de sus padres. En este grupo hay muchos agnósticos y ateos.

2. El judío reformado o liberal se ha apartado del cumplimiento escrito de su religión. Es el representante moderno de los saduceos de la época de Cristo, cree en Dios, pero en un Dios lejano.

3. El judío ortodoxo cree en el Antiguo Testamento, en la resurrección de los muertos, en el cielo, y el infierno y el juicio final. Espera la venida del Mesías. Usa el Talmud y comentarios del Antiguo Testamento más que el mismo testamento. No acepta el Nuevo Testamento y cree que Jesús era un impostor.

4. El judío convertido a Jesucristo puede sufrir persecución por parte de su pueblo, sobre todo de los ortodoxos. Sin embargo, Dios está usando a esos judíos para ganar a los de su pueblo para Cristo. De esto estaba hablando Pablo cuando dijo; "el anhelo de mi corazón es para mi pueblo", pero él sabía y conocía de cómo eran ellos y tenía que padecer por esa buena causa. Lo que trato de decir es que estos ponían cargas al pueblo y no presentaban el evangelio como una esperanza, sino como una carga.

Los judíos sólo creen en la deidad de Dios el Padre. Dicen que los cristianos somos politeístas, que creemos en muchos dioses y citan estos textos: Deuteronomio 6:4, Éxodo 20:2. Los judíos ungían con aceite a los sacerdotes y profetas para despeñar esa función. El Mesías debía desempeñar los tres ministerios; como profeta, sacerdote y rey.

Los judíos rechazaron a Jesús porque no vieron cumplidos en él las profecías mesiánicas respecto como rey.

Los judíos creen que la salvación se obtiene por cumplir con la ley mosaica o por los sacrificios dispuestos para el pecado. Como son miembros del pueblo escogido de Dios, serán abeto especial de su misericordia y de su bendición. Esa fue la lucha de Pablo por darles a entender que el evangelio es por fe, no por obras ni por saber el toral y recitar el Talmud. Cuando se reunieron en el concilio de Jerusalén, según Hechos 15:4-20, esto fue lo que escribieron respecto a los gentiles. Pero algunos de la secta de los fariseos que habían creído, se levantaron diciendo; --Es necesario circuncidarlos, y mandarlos a que guarden la ley de Moisés. Y se reunieron los apóstoles y los ancianos para conocer de este asunto. Después de mucha discusión Pedro se levantó y les dijo: Varones hermanos, vosotros sabéis que ya hace algún tiempo que Dios escogió a los gentiles para que oyesen de mi boca la palabra del evangelio y creyesen. Y Dios, que conoce los corazones, les dio testimonio, dándoles el Espíritu Santo igual que a nosotros. Y ninguna diferencia hizo entre nosotros y ellos, purificando por fe sus corazones. Ahora, pues, por qué tentáis a Dios, poniendo sobre la cerviz de los discípulos un yugo que ni nuestros padres pudieron llevar ni nosotros. Antes creemos que por la gracia del Señor Jesús seremos salvos, de igual modo que ellos. Por lo cual yo juzgo que no se inquieten a los gentiles que se convierten al Señor. Esto fue lo que escribieron para los gentiles: que se aparten de las contaminaciones de los ídolos, de fornicación, de ahogado y de sangre.

Esto por demostrado que el evangelio no es uno carga, sino esperanza. No entiendo por qué los pastores y los concilios siguen poniendo tantas cargas que sus familias no pueden llevar, ni ellos. Cómo las podrán los miembros. No trato de decir que sean hombres sin moralidad, sino que lo que salva a uno no es la vestimenta. Es la fe en Cristo y asistir, a la congregación y vivir una vida en agrado a Dios. Hay muchos que en vez de salvar a las almas las condenan más, por favor revisa tu Biblia, el evangelio es esperanza, no una carga. Hay tanta gente que están cargados en las iglesias que prefieren dejar el asiento vacío, pues sienten los cultos como una carga no como esperanza. Lucas11:46; "hay de vosotros intérpretes de la ley porque cargáis, a los hombres con cargas que no pueden llevar." De eso estoy hablando, que el mismo Jesús reprendió a los fariseos porque eran demasiado legalistas. Pero vosotros ni aun con un dedo las tocáis. Jesús Dijo un día "venid a mi los cargados y cansados y yo los haré descansar", Mateo 11:28, y dice el 29, "llevad mi yugo sobre vosotros, y aprended de mi, que soy manso y humilde de corazón, y hallareis descanso para vuestras almas. porque mi yugo es fácil y ligera mi carga." No quiero dar la explicación en griego, pero Dios está cansado de que los líderes de las iglesias estén cargando a la gente. Entendamos que el evangelio no es una carga, sino esperanza. Por el amor de Dios, y después nos preguntamos por qué esta el asiento vacío. Pues no están predicando esperanza sino cargas La gente esta cansada de cargas, de los políticos, las escuelas quieren oír esperanza.

Hablé con el presentador de las noticias de Filadelfia, Mr. Williams del canal 6, y le hice una pregunta: por qué usted que da las noticias no dice casi nada de esperanza, casi todo lo que dice es de terror, de muertes accidentes, la economía esta mala, la educación esta tan cara, los jóvenes no tienes futuro, y nunca da esperanza al pueblo. Me contesto, -yo a veces me lleno de tristeza y quisiera decir algo bueno, pero pierdo mi trabajo, y por eso me pagan, para reportar lo que me escriban. Yo no hago las noticias, yo sólo las presento. Añadió algo más y me dijo; a veces me da risa lo que tengo que decir y a veces me da tristeza, pero ese es mi trabajo.

A veces los pastores hacen lo mismo, por mantener su trabajo de pastoreado y de ministros. Si dicen algo que este fuera de la constitución de la iglesia lo pueden despedir, por eso predican tantas cosas o tantos dogmas que no son bíblicas. Yo prefiero que me voten del concilio, pero no predicar cargas, pues el evangelio es una esperanza. Si por eso dicen que no soy ministro, no importa, digo lo que dijo Pablo; trato de agradar a los hombres o a Dios, si agrado a los hombres no seria siervo de Dios. Gálatas 1:10, pues busco ahora el favor de los hombres o, el de Dios. Ese es el problema, que los ministros no están buscando el favor de Dios sino el de los hombres, por eso predican religión y no esperanza. Como los llamados sabáticos que creen en cumplir y guardar el sábado para ser salvos.

Estamos en la dispensaron de la gracia no la de ley, lo que estoy tratando de decir es que entendamos que el evangelio es una esperanza, no carguemos a la gente de dogmas, hablemos de Jesús. Los fariseos rechazaron a Jesús porque no cumplió con sus leyes. Eso pasa a veces que muchos ministros rechazan a personas, porque no cumplimos con las leyes de ellos, pues estamos dispuestos a dar esperanza no mas cargas.

Como estamos tratando con un tema de asiento vacío, vale la pena también tomar en cuenta por qué los jóvenes se van de la iglesia y hay más asientos vacíos en las iglesias de jóvenes, a qué se debe. Hablemos de los adolescentes, pues gran parte de ellos dejan los asientos vacíos. Estudiemos un poquito de sus cualidades.

4.3 LA ADOLESCENCIA:

Consideremos las características de los adolescentes, pues son muy parecidas. Algunos desarrollan mentalmente, social, física y espiritualmente mucho mas rápidos que otros. Por lo tanto, no se debe esperar lo mismo de todos sólo porque sean de la misma edad. Esta es la edad del torbellino. Es una edad de mucho conflicto emocional, la transmisión de la niñez a la vida de adultos. El adolescente no es un niño ni un adulto y no se entiende así. Si en alguna época de la vida le hace falta la simpatía, la comprensión, la presencia y la paciencia de sus padres y maestros, es a esta edad. Efesios 6:4 dice; -Y vosotros, padres, no provoquéis a ira a vuestros hijos, sino criadlos en disciplina y amonestación del Señor.

Colosenses 3:21, -Padres, no exasperéis a vuestros hijos, para que no se desalienten. Uno de los factores que provoca que los jóvenes se vayan de las iglesias es que cuando necesitan comprensión no la obtienen. Seguiremos con lo adolescentes y después tratemos este asuntito de cómo y por qué no tenemos jóvenes y están vacías nuestras iglesias. Los adolescentes son de la edad de, doce a dieciocho años, y luego entran en la etapa adulta, pero contra qué luchan los adolescentes. Es donde los jóvenes tienden a agruparse en organizaciones juveniles. La juventud comienza de los dieciocho a los veinticinco años, donde le darán comienzo a la vida adulta. Este es el periodo de cambio de la pubertad a la adulta. Luego el joven adulto está totalmente desarrollado sexualmente. Muchos caen en una vida depresiva por las dificultades de la vida social. Es cuando sufren cambios que ellos no pueden comprender y otras dificultades térmicas debido a las glándulas sebáceas, debido al desarrollo, las hormonas, crecimiento y la circulación sanguínea.

El hecho de los jóvenes adolescentes se organicen en grupos tienen que ver con la necesidad. Aún grupos de pares, ya que la mayoría de ellos necesitan sentirse pertenecientes a un clan. Los jóvenes tienden agruparse en organizaciones juveniles a veces completamente autónomas. Algunos juveniles se unen a organizaciones mas amplias, los partidos políticos, sindicalitos y también escogen su religión, una muy poca mayoría escoge las iglesias.

4.3.1 LA PROBLEMÁTICA DE LA JUVENTUD

1. El desempleo: se frustran, pues no poseen lo necesario económico y cuando buscan trabajo no tienen la oportunidad.
2. La criminalidad: hay muchos a estas edades que tienen cargos criminales, pues cuando se sienten frustrados por no conseguir un trabajo, roban o venden drogas.
3. Los embarazos no desdados: pues no tienen experiencia en este asunto y son vulnerables de ceder dado al grado de cambio y el deseo de las hormonas. No sólo eso, cuando muchos padres les

ponen presión de una manera drástica, que los impulsan a tomar malas decisiones. Por ejemplo, les dicen -sólo estoy esperando que cumplas dieciocho años y estás fuera de mi soporte. Te puedes ir de la casa.- Ellos no saben qué hacer, no tienen ninguna experiencia de la vida cotidiana.

4. La drogadicción toma parte de sus vidas, pues no hayan qué hacer. Las iglesias no nos damos cuenta de todas estas cosas y es por eso que las iglesias están vacías. No se ven jóvenes, pues no saben cómo tratarlos.

Aun los padres cristianos, en vez de comprender a sus hijos los tratan muy mal. Por eso vemos que los hijos de los cristianos no están en la iglesia, pues no tienen comprensión para ellos y no los saben tratar. Recordemos los versículos de arriba, no irritemos a vuestros hijos. Salmos 127: 3; "He aquí, herencia de Jehová son los hijos; cosa de estima el fruto del vientre". Cómo es posible que maltrates la herencia de Jehová, reacciona, recapacita, ama a tus hijos para que Dios te bendiga.

Adolescencia es un término en inglés y se usa desde el siglo XV. Proviene del latín (adolescere) hace referencia al desarrollo del ser humano. El término de la adolescencia, como es un estado (intermedio), es difícil rastrear en los libros de la Biblia, dado que en aquella época era muy normal el compromiso y el matrimonio a una tierna edad. Para unos la vida sexual extramarital, como por ejemplo; la prostitución, concubinato o el sistema de presentarse a satisfacer las necesidades planteadas por la herencia de otros como en Génesis 16y30. En la época de Jesús los judíos podían casar a sus hijos de doce anos.

En la Biblia hayamos una serie de términos griegos y hebreos que denotan juventud o menciona a los relativamente jóvenes y advierte de los pecados de la juventud. Job 13:26, Salmo 25:-7, 2 Timoteo 2:22, Salmos 17:5, Salmo 119:9, urgen a los jóvenes a tomar decisiones sabias.

Eclesiastés11:9-12:1 los exhorta a aceptar el llamamiento divino, como Jeremías. Pablo dice de Timoteo que desde la niñez has sabido las sagradas escrituras, la cuales te pueden hacer sabio para las salvación por la fe en Cristo JESUS.

Un versículo antes le dice acuérdate de quien has aprendido. Las relaciones de los padres son el modelo de los hijos. No sólo pueden ser pobres en calidad sino destructivas. Las relaciones de las personas de la misma edad, durante la época de la adolescencia, son tremendamente formativas y sirven para fomentar un sentido de identidad personal y de pertenencia a un grupo. De muchas maneras, los rápidos cambios se producen en las subculturas de los adolescentes expresados mediante la música, la ropa y el estilo de vida. Estos ayudan a fomentar un estilo de conexión social que alcanza su máxima efectividad cuando los adolescentes excluyen, hasta cierto punto, la generación de sus padres, o incluso la desafían.

La adolescencia es la época de la experimentación. Es aquí cuando dejan a Dios y se revelan contra el Dios de sus padres. Déjame contarte algo que pasó en nuestra vida Cristiana; si mi madre no hubiera tenido cuidado de nosotros, también nos hubiéramos apartado de Dios y dejar los asientos vacíos. Mi madre se mantuvo fiel a esta iglesia hasta que un día dejó el asiento vacío. No se fue para irse el mundo sino que está levantando una obra para la gloria de Dios. No se fue cuando éramos unos adolescentes, sino hasta que su último hijo tuvo veintiséis años. Padres, no dejen las iglesias, no saben el daño que le harán a esta generación venidera dejándolos con sus ideologías erróneas. Sufre por tus hijos como lo hizo mi madre. Gracias a Dios tengo claro lo que es la iglesia y a qué me enfrento, pues ella me ha dado testimonio de cómo se sufre. No me desanimo, sino que con más intensidad busco a Dios y oro por ellos.

Esta es la historia de mi madre de cómo conoció a Dios, pero ella nunca ha podido escribir una tesis de grado. Ella tuvo nueve hijos y tenía que atenderlos a todos y siempre quiso escribir pero nunca pudo. Dios me dio la oportunidad para yo hacerlo. La fecha que empezó a perseverar en la iglesia Asambleas de Dios Jesús la Luz del Mundo. Enero de 1976, tenía 26 anos, tenía sólo tres hijos, y había estado todo este tiempo perseverando hasta que un día, del año 2000, sintió el llamado de Dios de evangelizar en las calles. Ya que no tenía hijos con ella, y así fue como Dios empezó a llenar la iglesia de damas. Luego una profecía que le dijo -eres una sierva, te voy a usar grandemente. Ella oyó voces audibles, --anda a Navojoa (es otra aldea) y ora y ora por Claudio. Iba con mas hermanas, y Dios sanaba a las personas y también le hablada por citas bíblicas. – Anda, yo voy con tigo le decía Dios, y luego podía entender en lenguas que Dios la llamaba para un retiro y le decía; -- voy a prepárate en un soldado. En ese entonces fueron a una campaña y vino una sierva de Zacapa que su nombre es Isabel Oviedo. Isabel oraba por los enfermos y sanaban. Cuando terminó la campaña se fue y el Espíritu Santo le dijo a mi mamá que la siguiera. El Espíritu le dijo --esta es la mujer donde vas a hacer los retiros. Habló con su pastor y el pastor le dio permiso. Ella le pedió carta de respaldo y se la dio y se fue a la misión. En su primer retiro estuvieron 24 horas de ayuno y después 48 horas y luego 72 horas de ayuno intenso y oración. Estos tres pasaron y empezó quince días ella sola. En el año 2002, lo hizo en su casa con la ayuda de Dios, cuarenta días de ayuno. Sólo cenába y después seguía sólo tres días de ayuno sin comer.

Durante todos los años que perseveró en la iglesia desempeñó estos cargo para la gloria de Dios: presidenta de concilio por tres años, secretaria de las damas, maestra de niños por cinco años, diaconiza por cinco años, tres años de líder de reevangelización, y dos años de líder de células. En el tiempo que estuvo de líder de células de reevangelización hubo treinta almas. Y luego el pastor cambió de líderes, pues vio el crecimiento y sintió celo que ganábamos almas. Fue cuando cambió líderes y la quitó a ella.

Todas las almas que habían venido, como no las visitó y las olvidó, se fueron para el mundo. Empezaron a cambiar la doctrina. Arriba he tratado de decir que los adolescentes desafían la generación de sus padres, pues empezaron a cambiar la doctrina y muchos que estaban desde los setenta se fueron y dejaron el asiento vacío. Con más libertinaje, la mayoría de miembros se opuso, pero él no aceptaba ni una sola opinión. Empezó metiendo música rock, punta, merengue y cuando no bailábamos al son de la música nos trataba de rebeldes. Y mi mamá la presentó ante la iglesia y dijo que no creyeran en ella, ni en las profecías que hablaba, y dijo que estaba poseída por el diablo. Los hermanos no creyeron, pues la conocían. Dios la seguía usando y así fue como el pastor entró en enemistad con ella, y ese fue el motivo por el cual dejó el asiento vacío. Ella esta en victoria en la iglesia donde esta, para la gloria de Dios. Lleva tres meses y han ganado 17 almas. Esto fue en el 2010. Empezaron el 16 julio del 2010, esta es una nueva obra que empezaron.

Este es el motivo por el que muchos dejan el haciento vacío, por pastores carnudos que no tienen amor a las almas. Algo que también deja los asientos vacíos de las iglesias es cuando alguien tiene dones y llamado de Dios y no los apoyan. El llamado es tan intenso que buscan dónde desarrollar su ministerio. Por eso muchos se van de las iglesias, pues los líderes no tienen visión, como le pasó a mi madre. Cuando el líder no conoce los dones y el potencial que tienen sus miembros, estos al no ver que los toman encuentra y se están ahogando por hacer lo que Dios les mando, se van y no vuelven. Líderes que tienen laicos con llamados deben apoyarlos y no ignorarlos, como dice la Escritura: 1 Timoteo 5:18, no pondrás bozal al buey que trilla. Muchos tienen retenidos grandes ministerios, pues les ponen bozal para que no hablen y que no trabajen.

4.3.2 LA PARÁBOLA DEL SEMBRADOR:

He estado tratando un tema muy delicado con experiencias personales y familiares, pero que dice la Biblia según Mateo 13:1-9: Aquel día salió de la casa y se sentó junto al mar. Y se le juntó mucha gente; y entrando el en la barca, se sentó y toda la gente estaba en la playa. Y les habló muchas cosas por parábolas, diciendo: He aquí, el sembrador salió a sembrar. Y mientras sembraba, parte de la semilla cayó junto al camino, y vinieron las aves y se la comieron. Parte cayó en pedregales, donde no había mucha tierra; y broto pronto, porque no tenía profundidad la tierra; pero salió el sol, y se quemó, porque no tenía raíz, se secó. Y parte cayó entre espinos, y los espinos crecieron, y la ahogaron. Pero parte cayó en buena tierra, y dio fruto, cual al ciento, cual al setenta, cual al treinta por ciento.

Mateo 13:18 dice; Oíd, pues, vosotros la parábola del sembrador: cuando alguno oyere la palabra del reino y no la entiende, viene el malo y la arrebata lo que fue sembrado en su corazón. Este es el que fue sembrado junto al camino. Y el que fue sembrado en pedregales, éste es el que oye la palabra, y al momento la recibe con gozo; pero no tiene raíz en sí, lo que es de corta duración, pues al venir la aflicción o la persecución por causa de la palabra, luego tropieza. El que fue sembrado entre espinos, éste es el que oye la palabra, pero el afán de este siglo y el engaño de las riquezas ahogan la palabra, y se hace infructuosa. Más el que fue sembrado en buena tierra, éste es el que oye y entiende la palabra, y da fruto, y produce a ciento, a sesenta, y treinta por uno.

Bueno aquí tenemos un cuadro que dejó Nuestro Señor. Esta economía ha afectado a muchas iglesias, pues muchos han dejado el asiento vacío en las iglesias, como dice la enseñanza que el afán de este siglo los ahoga. Otros es porque cuando escuchan un sermón, no se van a casa a seguir estudiando. Luego viene el tentador y les pone duda y los desalienta. No es sólo eso, es que el evangelios es para valientes no para cobardes que cuando se ven perseguidor por comentarios del mundo se van. Otra cosa es que muchos predican riquezas y cuando no las obtienen se ven frustrados y dejan la iglesia. Esto no es de riquezas y de vienes materiales, es poseer la esperanza del Santo. Es lamentable que la gente entran y salen de las iglesias, pues deberíamos preguntarnos qué clase de tierra somos. Lo que hace producir es la tierra, ya que la semilla es buena, como dice Isaías 5:10-11: Porque como desciende de los cielos la lluvia y la nieve, y no vuelve allá, sino que riega la tierra, y hace germinar y producir, y da semilla al que siembra, y pan al que come. Así será mi palabra que salga de mi boca; no volverá a mi vacía, sino que hará lo que yo quiero, y será prosperada en aquello para que la envié. Yo se que todo el que lea esta palabra no volverá a ser el mismo, pues cumplirá el propósito para lo que fue enviada. Es para restaurar y que no cometamos los errores que están aquí. Que Dios nos de entendimiento en todo para que no destruyamos la obra de Dios. Pero hay algo más. Según 1 Pedro 5:2: Apacentad la grey de Dios que está entre vosotros, cuidando de ella, no por fuerza, sino voluntariamente; no por ganancia deshonesta, sino con ánimo pronto.

4.4 LA APOSTASÍA

1 Timoteo 4: 1-3: Pero El Espíritu dice claramente que en los postreros tiempos algunos apostarán de la fe, escuchando a espíritus engañadores y doctrinas de demonios. Por la hipocresía de mentirosos que, teniendo cauterizada la conciencia. Pero surge una pregunta cómo saber si estamos un los postreros tiempos. Según Daniel 12:4, pero tú, Daniel, cierra las palabras y sella el libro hasta el tiempo del fin, muchos correrán de aquí para allá, la ciencia aumentará. Pues con estos versículos deja por sentado que estamos en el tiempo de la visión beatifica de Pablo. Cuando dice; el Espíritu dice claramente de los postreros tiempos. Estamos en

los postreros tiempos, en el tiempo del fin por tres razones. Se le dijo a Daniel; {1} cierra y sella Apocalipsis o revelación. Que quiere decir es descubierto o revelado lo que estaba oculto. El Apocalipsis trajo por revelación lo que estaba serrado. {2} muchos correrán de aquí para allá. Si nos detenemos un momento y miramos los tiempos y observamos a la humanidad, nos daremos cuenta que unos se van para los Ángeles, y otros para Nueva York. No sólo eso, hoy toma un avión y en tres horas ya está en otro estado u otro país. La gente no puede esta quieta en un solo lugar, están de aquí para allá. {3} Y la ciencia aumentará, no sólo en la ciencia médica sino en la Biblia. Hoy hay un montón de doctores en teología. Hoy ponen corazones, piernas, brazos, el Internet, los celulares, los satélites, los autos y muchas cosas más. Todo no está diciendo que estamos en el tiempo del fin y en los postreros tiempos que habló Pablo. Como todo cambio trae sus benéficos, también trae sus perjuicios. Uno de estos es de lo que estoy hablando, que hoy los que están en la iglesia se están saliendo, y los que nunca han conocido a Dios lo están buscando. Esto es parte del fin. Eso de que habrán hombres malvados e hijos desobedientes a los padres, hoy más que nunca he visto iglesias que han permanecido con una doctrina santa y hoy lo que son es sectas, pues ya no practican la santidad, y los santos cuando ven esto se van pues conocen la apostasía.

4.5 CÓMO LLENAR LOS ASIENTOS VACÍOS

Todo lo que he estado tratando es de un problema de cómo los asientos quedan vacíos. Aunque hay muchos temas más explícitos, como por ejemplo por los pecados de los evangélicos y los pastores que no viven una vida santa. La gente se cansa de mentiras. Es como si un individuo llegara a su casa y le ofreciera un detergente que limpia mucho mejor que el que usted posee, y le diga que este detergente limpia muy bien. El que vende el detergente tiene sus ropas sucias, usted le preguntaría que si su detergente es tan bueno por qué usted esta sucio. Eso mismo pasa con los pastores y cristianos que presentan al que limpia sus vivas pero las de ellos están tan negras que nadie quiere creer en Cristo por nuestra mala conducta.

Hechos 2:46 dice; y perseverando unánimes cada día en el templo, partiendo el pan en las casas, comían juntos y con alegría y sencillez de corazón, alabando a Dios, y teniendo favor de todo el pueblo. Y el Señor añadía cada día a la iglesia los que debían de ser salvos. Hagamos un exegesis de esto, por ejemplo; partiendo el pan en sus casas, y perseverando. Si nos damos cuenta lo importante de estas palabras son cruciales para la iglesia. Como dice mi mamá cuando ella se salió de la iglesia, el pastor ya no visitó las almas que mamá tenía a su cargo y se fueron para el mundo. Es más, cuándo usted ha visto que los pastores de estos tiempos le visitan, es más uno les llama y no contestan. Ya se perdió la esencia de la iglesia, ya no se visitan las casas. Yo me recuerdo cuando estaba en Guatemala, los pastores nos visitaban, pero en Estados Unidos, nunca he visto eso. Y dicen los versos bíblicos que Dios añadía los que tenían que ser salvos, pero ellos perseveraban, daban ejemplo, y oraban, ayunaban y alababan a Dios. Si buscamos estos factores en muchas iglesias no los encontramos. Cuando he ido a otras iglesias me espanto que no se oye ni una alabanza, y mi mente vuela cómo llenar los asientos si no conocemos la esencia de la iglesia. Me llama la atención una cosa de los apóstoles, es que ellos conocían su comunidad, Capítulo 6:1-2 de Hechos: En aquellos días, como creciera el número de los discípulos, hubo murmuración de los griegos contra los hebreos de que las viudas de aquéllos eran desatendidas en la distribución diaria. Se dieron cuenta de su comunidad y de las necesidades e hicieron un nuevo grupo de liderazgo para ayudar a sus comunidades. Los que sabían hebreo predicaban a su comunidad y los que sabían griego a los de su comunidad, por eso Dios escogió a Pablo, pues hablaba latín, griego y muchas lenguas más. Hoy en día me da mucha pena en las iglesias hablando inglés con una comunidad hispana, no tienen discernimiento para hacer la obra de Dios.

Cuando vine de Guatemala a los Estados Unidos no tenía dónde congregarme, pues mi trabajo era de diez a once de la noche y sólo descansaba lunes. No tenía una iglesia a dónde ir y dar gracias a Dios. Unos hermanos empezaron a orar en un sótano de una casa hasta que alcanzaron un buen grupo. Luego me uní con ellos y el hermano Wilmer Lorena Walter, que eran los principales. De la manera que Dios los uso fue tremenda, pues ellos entendieron y conocieron la comunidad que les rodeaba. Las iglesias se encargan de dar cultos como ellos mejor les parece, pero no como la comunidad le sea posible buscar a Dios. Debemos de entender que éste es un país de gente que emigra y no tienen trabajos seculares, y por eso la iglesia debe de ver cómo hacer para dar cultos conforme las necesidades de la comunidad. Como dijo Jesús en Lucas: ve pronto por las plazas y por las calles y por la cuidad. Lucas 14:23; Dijo el señor al siervo: ve por los caminos y por los vallados y fuérzalos a entrar, para que se llene ni casa. Esta hablando se salir de la rutina y buscar a la gente, no importa la hora, eso es esforzarse. Las iglesias no se están esforzando y cómo llenar las iglesias. Para la gloria de Dios, empezamos a dar los cultos a las 11:30 de la noche los martes y los jueves, y los miércoles visitación a las 11:30 de la noche. Empezaron como seis, hoy somos como ochenta, sin exagerar, y no sólo eso, el pastor Hugo Portillo conoció a Dios en esos cultos. Hoy es el Pastor del movimiento o ministerio Jesús mi Pastor, de la iglesia Menonita Puerta de Sión del 328 S Broad, Trenton, Nueva Jersey. Cómo llenar las iglesias tiene que tener ayuno, oración, perseverancia y una disposición de buscar las almas. Salir de la rutina de los cultos y buscar la comunidad de inmigrantes, hacer servicios para que ellos busquen a Dios.

Por la gracia de Dios llevamos como ocho años y estamos en victoria. No nos importa si no dormimos, pero tratamos de lo que dijo Jesucristo; esforzarlos a entrar para que se llene la casa. Sabemos que tenemos una gran lucha pero, también sabemos que nuestro trabajo no es en vano. El problema de muchas iglesias es que no buscan los de la otra comunidad sólo los que trabajan en horarios regulares de trabajo. Pero y qué de los que tienen horarios irregulares de trabajo. Aquellos que trabajan en los restaurantes, los que trabajan de limpieza y toda esta gente que trabaja por la noche y descansan de día. ¿Qué estamos haciendo por ellos? Mi consejo es conozcas tu comunidad, dónde están los Guatemaltecos en tu congregación, dónde están los del Salvador, Honduras, Nicaragua, Panamá, México, Costa Rica, y todo la gente del Caribe y Sur America hispana parlante. No están, sabes por qué. No los buscamos sólo tienes puertorriqueños y dominicanos. Por eso he dedicado mi tiempo para escribir esto y que despertemos y nos preocupemos por la obra de Dios y que no hagamos cosas para que los laicos se vayan de la iglesia.

CONCLUSION

Este estudio trata de ver con certeza las causas del asiento vacío en las iglesias; estoy tan convencido de estas causas, tratando de usar todas las experiencias, que he tenido en mi vida cristiana. Tocando así puntos de referencia, como de la Biblia, pero sólo trato con lo que he vivido, lo que he investigado. Por ejemplo, traté que los celos son una de las causas más abundantes en cristianos no maduros. También los que tienen el alma fracasada, como le paso a Saúl. Sobre los que dan la escuela dominical, que si el evangelio es una carga o una esperanza. Pero de último estoy convencido que la Biblia no miente, y que en los últimos tiempos pasaría como dice Mateo 24:10-13: Muchos tropezarán entonces, y se entregarán unos a otros, y unos a otros se aborrecerán, y muchos falsos profetas se levantarán, y engañaran a muchos, por haberse multiplicado la maldad el amor de muchos se enfriará, mas el que perseverare hasta el fin éste será salvo.

Como cristiano uno tiene que tener determinación en cuanto a seguir a Cristo. Muchos no tienen determinado si seguir y piensan que el evangelio un *show* y prestigio, pero es al contrario. Tarde o temprano tenderemos que pasar por tribulaciones, pero si Dios está con nosotros y hemos determinado seguir, no dejaremos el asiento vacío.

RECOMENDACIONES

Después de haber investigado este tema. Yo recomiendo a los líderes de las iglesias, que sean más amorosos. Que no pongan cargas al pueblo que prediquen el evangelio como una esperanza y no como una carga, que desesperen de todos celos. Que no hagan comentarios que pueden desagradar a los laicos, que sobre todo que tengan el corazón de Dios y que amen a sus enemigos.

Y que no usen el altar para atacar la gente, y los subordinados que cuando hagan reuniones que respeten al pastor y no o avergüencen ante el público. Y que el amor sea sin fingimiento.

Bendiciones si supieres este bien aréis.

BIBLIOGRAFIA

De Reina, Casiodoro y De Valera, Cipriano La Santa Biblia Antigua Versión, 1569.

Chávez, Moisés Diccionario Bíblico Hebreo, Editorial Mundo Hispano, Copyright 1992, impreso en Colombia, ISBN:

Henry, Mathew, Comentario Bíblico, Traducido y Apartado al Castellano por Francisco La Cueva, Casa Editorial Clie Villa De Cavalls, 08232 (Barcelona).

Jeter de Walter, Lisa Cuál Camino, Editorial Vida

Saint de Beberían, Marta, Cómo Enseñar con Eficacia, Editorial Clie.

www.ingramcontent.com/pod-product-compliance
Lightning Source LLC
Chambersburg PA
CBHW021257280526
45784CB00005B/2409

* 9 7 8 1 4 6 3 3 3 1 3 5 1 *